Impressum
Verlag: BABADADA GmbH, Nedderfeld 112 , 22529 Hamburg
Geschäftsführer / Verlagsleitung: Harald Hof
Druck: Books on Demand GmbH, In de Tarpen 42, 22848 Norderstedt

Imprint
Publisher: BABADADA GmbH, Nedderfeld 112 , 22529 Hamburg, Germany
Managing Director / Publishing direction: Harald Hof
Print: Books on Demand GmbH, In de Tarpen 42, 22848 Norderstedt

d Schuel
shule

s Klassezimmer
sajili

dividiere
kugawanya

186/2

d Taflä
ubao

dr Pauseplatz
eneo la shule

dr Lehrer
mwalimu

s Papier
karatasi

schribe
kuandika

dr Stift
kalamu

dr Schribtisch
dawati

s Lineal
rula

s Buech
kitabu

d Schüeler
mwanafunzi

dr Thek

mkoba

s Etui

kikasha cha penseli

dr Bleistift

penseli

dr Spitzer

kichonga penseli

s Radiergummi

mpira

dr Zeicheblock

pedi ya kuchora

d Zeichnig

uchoraji

dr Pinsel

brashi ya rangi

dr Malchaschte

sanduku la rangi

d Schär

mkasi

dr Liim

gundi

s Üebigsheft

daftari

d Huusufgabe

kazi ya nyumbani

12

d Zahl

nambari

2+2

addiere

jumlisha

5-2

subtrahiere

ondoa

2×2

multipliziere

zidisha

rächne

kokotoa

A

dr Buechstabe

barua

ABCDEFG HIJKLMN OPQRSTU VWXYZ

s Alphabet

alfabeti

hello

s Wort

neno

dr Text

maandishi

läse

kusoma

d Kriide

chaki

d Lektion

somo

s Klassäbuech

sajili

d Prüefig

uchunguzi

s Zügnis

cheti

d Schueluniform

sare za shule

d Usbildig

elimu

d Enzyklopädie

elezo

d Universität

chuo kikuu

s Mikroskop

darubini

d Charte

ramani

dr Papierchorb

kikapu cha kuweka karatasi
chafu

d Reis
usafiri

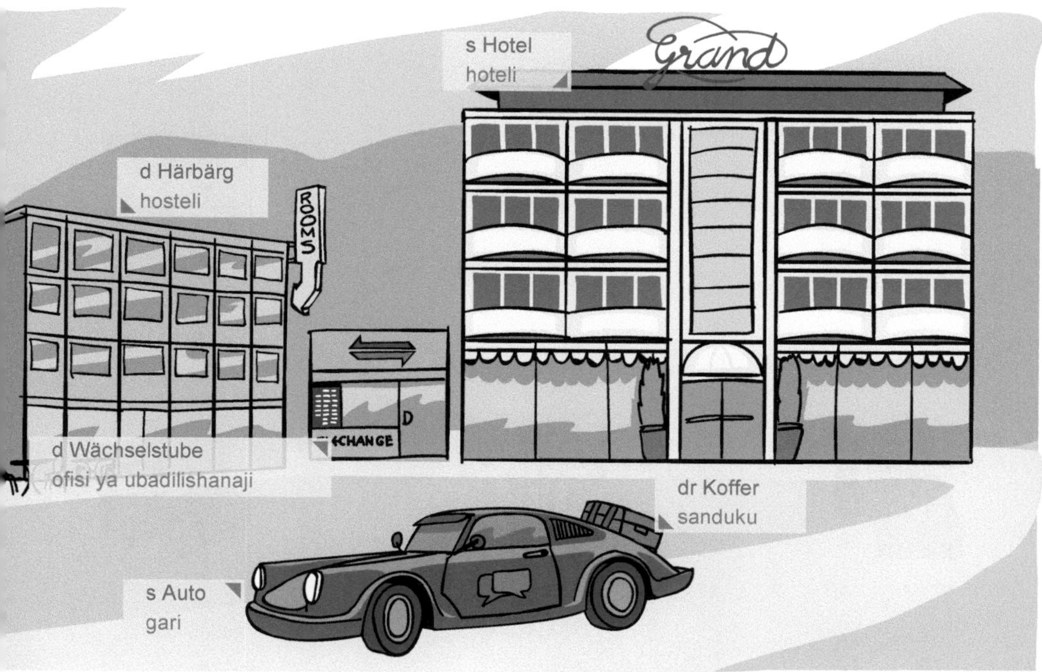
s Hotel
hoteli
Grand
d Härbärg
hosteli
ROOMS
CHANGE
d Wächselstube
ofisi ya ubadilishanaji
dr Koffer
sanduku
s Auto
gari

d Sprach

lugha

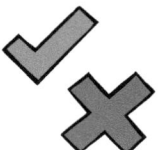

jo / nei

ndiyo / la

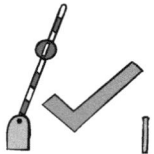

okay

sawa

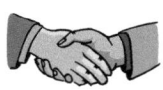

Hallo

hujambo

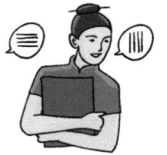

dr Dolmetscher

mtafsiri

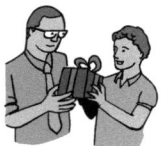

Dankä

Asante

Was chostet...?

kiasi gani ni ...?

Ich vrstahs nöd

Sielewi

s Problem

tatizo

Guete Abig!

Jioni njema!

guete Morgä!

Habari za asubuhi!

guete Abig!

Usiku mwema!

Uf Wiederseh

kwa heri

d Richtig

mwelekeo

s Bagaasch

mizigo

d Täsche

mfuko

dr Rucksack

shanta

dr Gast

mgeni

dr Ruum

chumba

dr Schlafsack

begi la kulalia

s Zält

hema

d Touristeninformation

taarifa ya utalii

dr Strand

ufuo

d Kreditkarte

kadi

s Zmorge

kifunguakinywa

s Zmittag

chakula cha mchana

s Znacht

chakula cha jioni

s Billet

tiketi

dr Ufzug

kuinua

d Briefmarke

muhuri

d Gränze

mpaka

dr Zoll

mila

d Botschaft

ubalozi

s Visum

visa

dr Pass

pasipoti

dr Transport

usafiri

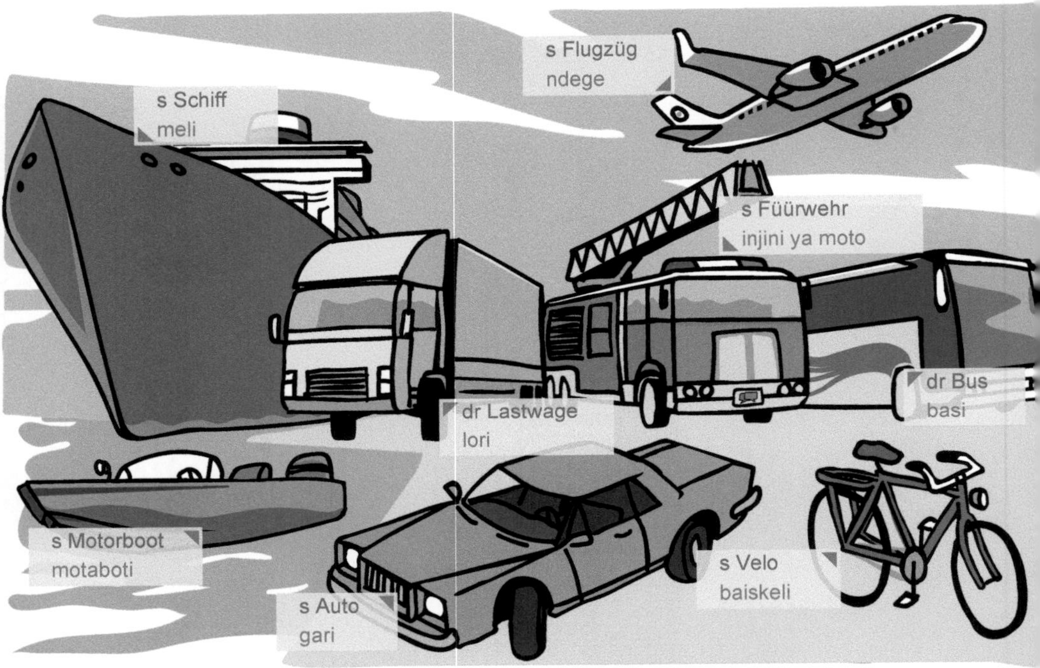

s Flugzüg
ndege
s Schiff
meli
s Füürwehr
injini ya moto
dr Bus
basi
dr Lastwage
lori
s Motorboot
motaboti
s Velo
baiskeli
s Auto
gari

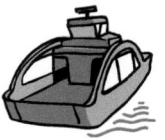

d Fähri

feri

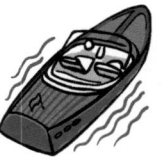

s Boot

mashua

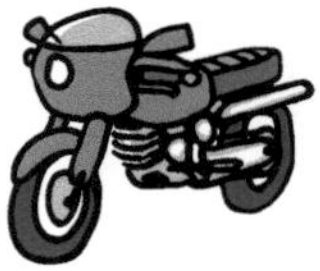

s Töff

pikipiki

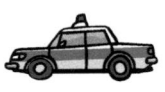

s Polizeiauto

gari la polisi

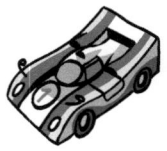

s Rännauto

gari la mashindano

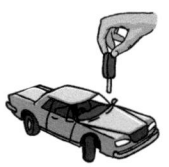

dr Mietwage

gari la kukodisha

s Carsharing

kushiriki gari

dr Abschleppwage

lori la kuvuta

dr Chübelwage

ukusanyaji taka

dr Motor

motor

s Benzin

mafuta

d Tankstell

kituo cha mafuta

s Verkehrsschild

ishara trafiki

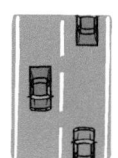

dr Verchehr

trafiki

dr Stau

msongamano

dr Parkplatz

maegesho

dr Bahnhof

kituo cha treni

d Schiene

reli

dr Zug

garimoshi

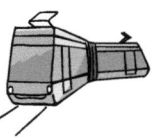

d Strassebahn

tremu

dr Wagon

gari la mizigo

dr Helikopter

helikopta

dr Flughafe

uwanja wa ndege

dr Tower

mnara

dr Passagier

abiria

dr Container

chombo

dr Karton

katoni

dr Chare

mkokoteni

dr Korb

kikapu

starte / lande

ondoka

d Stadt

jiji

s Dorf

kijiji

s Stadtzentrum

katikati ya jiji

s Huus

nyumba

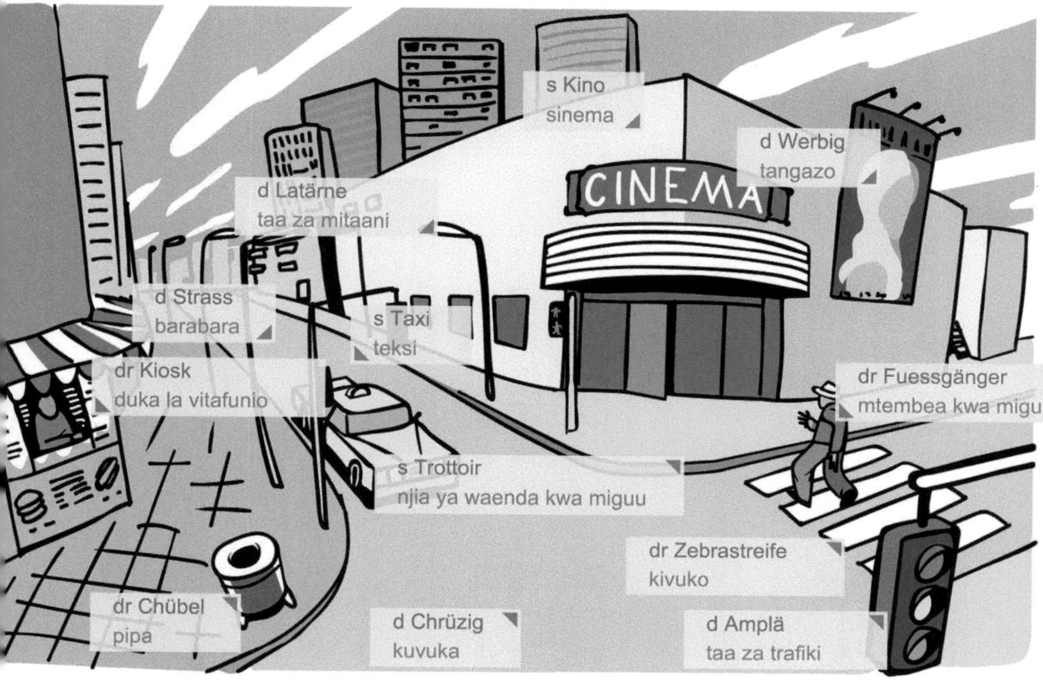

s Kino
sinema
d Werbig
tangazo
CINEMA
d Latärne
taa za mitaani
d Strass
barabara
s Taxi
teksi
dr Kiosk
duka la vitafunio
dr Fuessgänger
mtembea kwa miguu
s Trottoir
njia ya waenda kwa miguu
dr Zebrastreife
kivuko
dr Chübel
pipa
d Chrüzig
kuvuka
d Amplä
taa za trafiki

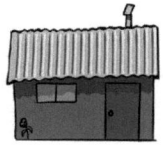

d Hütte

kibanda

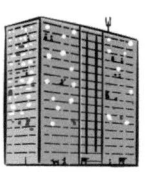

d Wohnig

gorofa

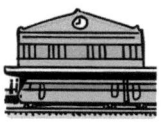

dr Bahnhof

kituo cha treni

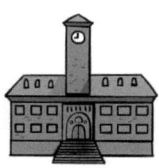

s Gmeindshuus

ukumbi wa mji

MUSEUM

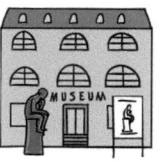

s Museum

Makavazi

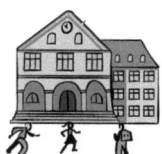

d Schuel

shule

d Universität

chuo kikuu

d Bank

benki

s Spital

hospitali

s Hotel

hoteli

d Apotheke

duka la dawa

s Büro

ofisi

s Buechgschäft

duka la kitabu

s Gschäft

duka

dr Bluemelade

duka la maua

dr Läbensmittellade

dukakuu

dr Märt

soko

s Chaufhuus

idara ya kuhifadhi

dr Fischhändler

mwuza samaki

s Iihkaufszentrum

kituo cha ununuzi

dr Hafe

bandari

dr Park

Hifadhi

d Bank

benki

d Brugg

daraja

d Stäge

vidato

d U-Bahn

chini ya ardhi

dr Tunnell

handaki

d Bushaltestell

kituo cha mabasi

d Bar

bar

s Restaurant

mgahawa

dr Briefchastä

sanduku la posta

s Strasseschild

ishara ya barabara

d Parkuhr

mita ya maegesho

dr Zolli

bustani ya wanyama

d Badi

kidimbwi cha kuogelea

d Moschee

msikiti

dr Buurehof

shamba

d Umwältvrschmutzig

uchafuzi

dr Fridhof

makaburini

d Chile

kanisa

dr Spielplatz

uwanja wa michezo

dr Tämpel

hekalu

d Landschaft
mazingira

s Blatt
jani

dr Wägwiiser
ishara ya mwelekeo

dr Wäg
njia

d Wise
malisho

dr Stei
jiwe

dr Wanderer
mtembeaji wa masafa

dr Baum
mti

dr Fluss
mto

s Gras
nyasi

d Bluamä
ua

s Tal
bonde

dr Bärg
kilima

dr See
ziwa

dr Wald
msitu

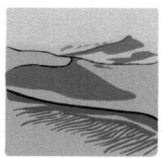

d Wüeschti
jangwa

dr Vulkan
volkano

s Schloss
ngome

dr Rägeboge
upinde wa mvua

dr Pilz
uyoga

d Palme
mtende

dr Moskito
mbu

d Fliege
kuruka

d Ameise
chungu

s Biendli
nyuki

d Spinne
buibui

dr Chäfer

mende

dr Frosch

chura

s Eichhörnli

kuchakuro

dr Igel

nungunungu

dr Haas

sungura

d Üle

bundi

d Vogu

ndege

dr Schwan

swan

s Wildschwein

nguruwe mwitu

dr Hirsch

kulungu

dr Elch

aina ya kongoni

dr Damm

bwawa

d Windturbine

tabo ya upepo

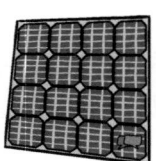

dr Sunnekollektor

nishaji ya jua

s Klima

hali ya hewa

s Restaurant

mgahawa

dr Chällner
mhudumu
d Spiischartä
menyu
dr Stuehl
kiti
d Suppä
supu
d Pizza
piza
d Tischdecki
kitambaa cha mezani
s Bsteck
vilia

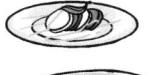

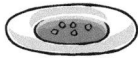

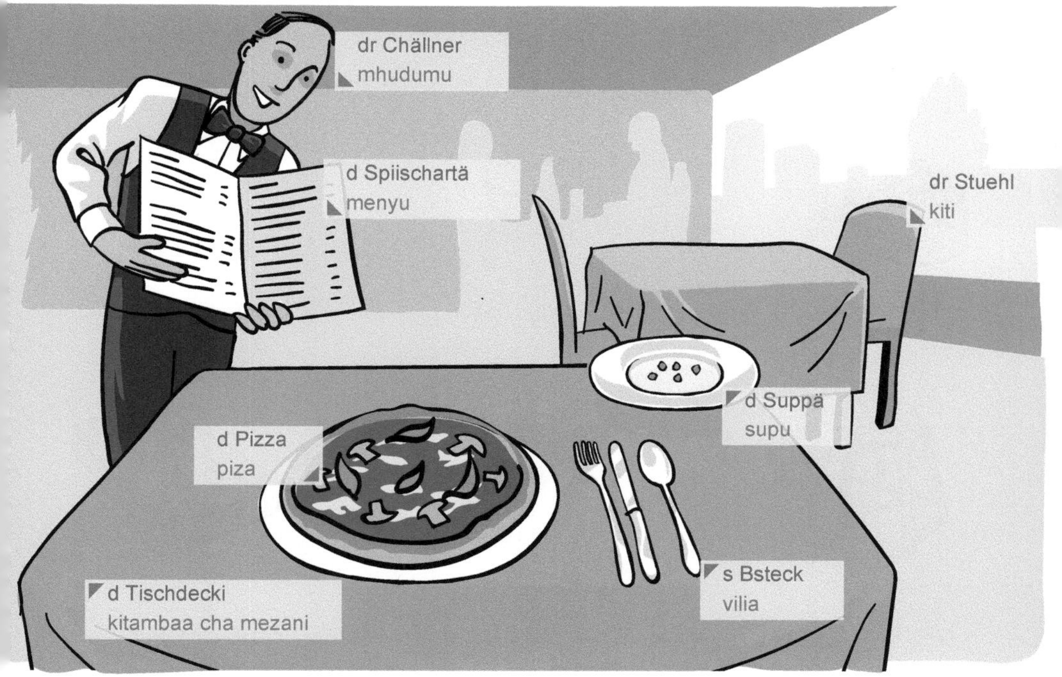

d Vorspiies
kiamsha hamu

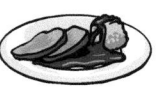

s Hauptgricht
kozi kuu

s Dessert
kitindamlo

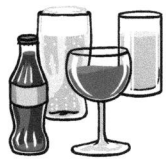

s Getränk
vinywaji

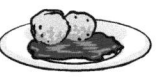

d Läbensmittel
chakula

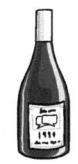

d Fläsche
chupa

s Fast Food

chakula cha haraka

s Street Food

Streetfood

d Teechanne

buli

d Zuckerdosä

kisanduku cha sukari

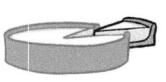

d Portion

sehemu

d Espressomaschine

mashine ya espresso

dr Hochstuehl

kiti kirefu

d Rächnig

muswada

s Tablett

trei

s Mässer

kisu

d Gable

uma

dr Löffel

kijiko

dr Teelöffel

kijiko cha chai

d Serviette

nepi

s Glas

glasi

dr Täller

sahani

dr Suppetällär

sahani ya supu

d Untertasse

sufuria

d Sose

mchuzi

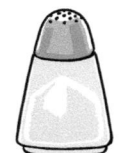

dr Salzstreuer

kichanyaji chumvi

d Pfäffermühli

kinu cha pilipili

dr Essig

siki

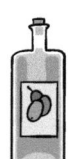

s Öl

mafuta

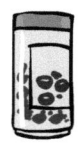 

d Gwürz

viungo

ds Ketchup

kechapu

dr Sänf

haradali

d Mayonnaise

kachumbari nzito

dr Läbensmittellade
dukakuu

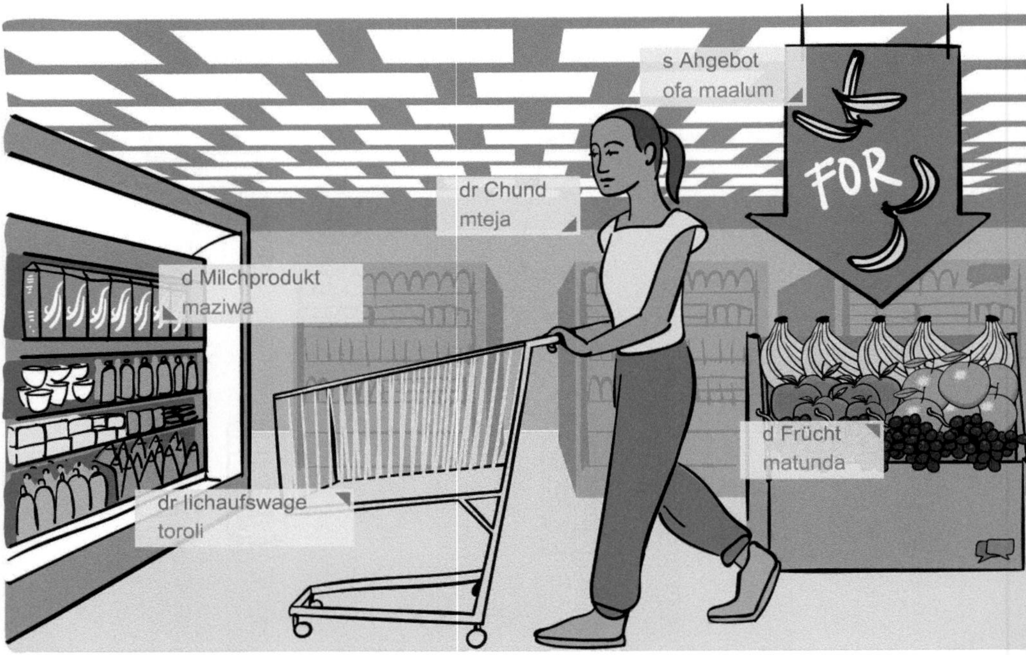

s Ahgebot
ofa maalum
FOR
dr Chund
mteja
d Milchprodukt
maziwa
d Frücht
matunda
dr Iichaufswage
toroli

BUTCHERS

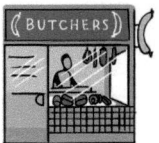

dr Schlachter

mchinjaji

BAKERY

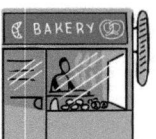

dr Beck

mwokaji

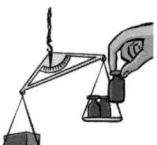

wiege

uzito

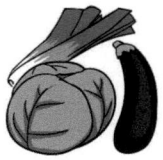

s Gmües

mboga

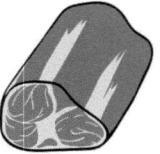

s Fleisch

nyama

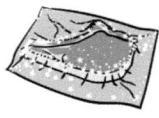

d Tiefkühlprodukt

chakula waliohifadhiwa

dr Ufschnitt

ipande vya nyama baridi

d Konsärve

chakula cha kopo

s Wöschmittel

sabuni ya unga

d Süessigkeite

pipi

d Huushaltartikel

bidhaa za kaya

s Putzmittel

bidhaa za kusafisha

d Verchäuferin

mtu mauzo

d Kassä

mpaka

dr Kassierer

keshia

d Ihchaufsliste

orodha ya manunuzi

d Öffnigszite

masaa ya ufunguzi

s Portemonnaie

mkoba

d Kreditkarte

kadi

d Täsche

mfuko

dr Plastiksack

mfuko wa plastiki

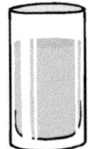

s Wasser

maji

dr Saft

sharubati

d Milch

maziwa

d Cola

coke

dr Wii

mvinyo

s Bier

bia

dr Alkohol

pombe

s Ovi

kakao

dr Tee

chai

dr Kafi

kahawa

dr Espresso

spreso

dr Cappuccino

kapuchino

d Banane

ndizi

dr Öpfel

tufaha

d Orange

machungwa

d Melone

tikiti

d Zitrone

lemon

s Rüebli

karoti

dr chnoobli

kitunguu saumu

dr Bambus

mianzi

d Zwiblä

kitunguu

dr Pilz

uyoga

d Nüss

karanga

d Nudle

nudo

d Spaghetti

spageti

dr Riis

mpunga

dr Salat

saladi

d Pommfrit

vibanzi

d Bratherdöpfel

viazi vya kukaanga

d Pizza

piza

dr Hamburgär

hambaga

s Sandwich

sandwichi

s Gotlett

kipande

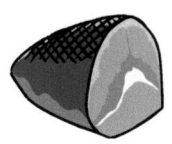

dr Schinkä

paja la mnyama

d Salami

salami

s Würschtli

soseji

s Huehn

kuku

dr Bratä

choma

dr Fisch

samaki

d Haferflocke

oats ya uji

s Müesli

muesli

d Cornflakes

cornflakes

s Mähl

unga

s Gipfeli

kroisanti

s Brötli

andazi

s Brot

mkate

dr Toscht

mkate wa kubanika

s Guetzli

biskuti

d Butter

siagi

dr Quark

maziwa mgando

dr Chueche

keki

s Ei

yai

s Spiegelei

yai kukaanga

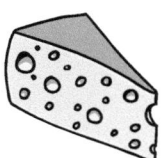

dr Chäs

jibini

d Glace

aiskrimu

dr Zucker

sukari

dr Honig

asali

d Gonfi

jemu

d Nougat-Creme

kuenea kwa chokoleti

s Curry

mchuzi wa viungo

dr Buurehof
shamba

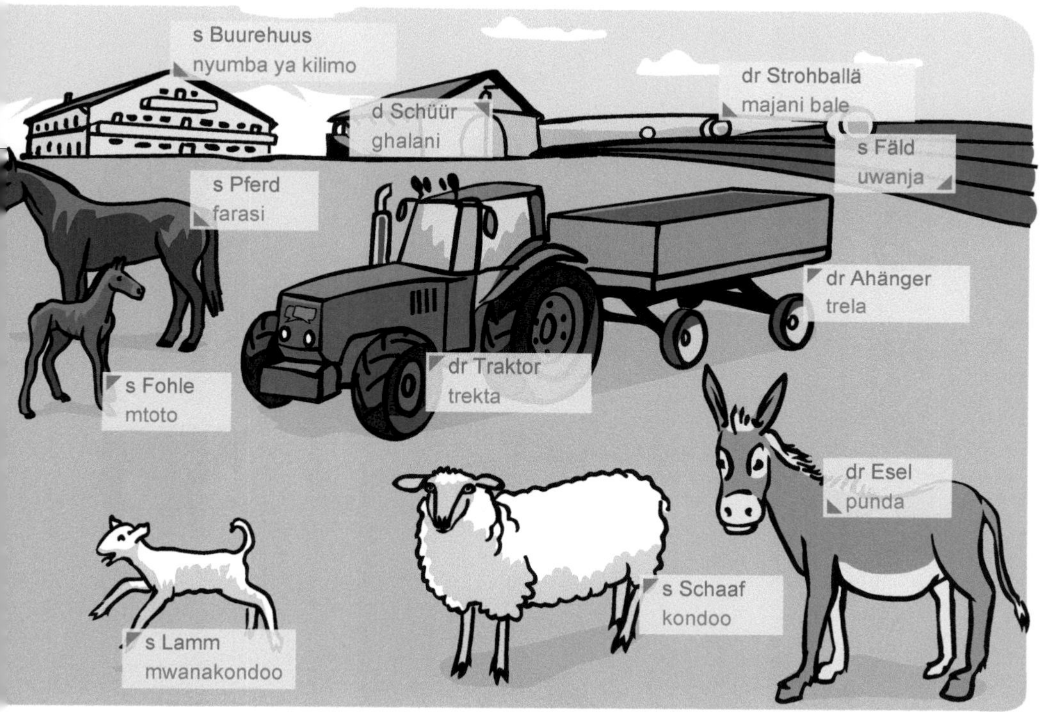
s Buurehuus
nyumba ya kilimo
d Schüür
ghalani
dr Strohballä
majani bale
s Fäld
uwanja
s Pferd
farasi
dr Ahänger
trela
dr Traktor
trekta
s Fohle
mtoto
dr Esel
punda
s Schaaf
kondoo
s Lamm
mwanakondoo

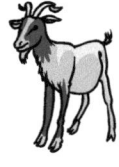

d Geiss

mbuzi

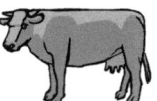

d Chueh

ng'ombe

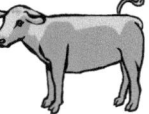

s Chalb

ndama

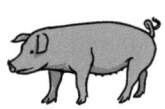

d Sau

nguruwe

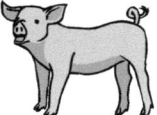

s Ferkel

mwananguruwe

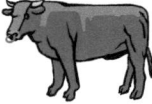

s Rind

fahali

d Gans

batabukini

d Änte

bata

s Küke

kifaranga

s Huähn

kuku

dr Güggel

jogoo

d Ratte

panya

d Chatz

paka

d Muus

panya

dr Ochse

ng'ombe

dr Hund

mbwa

d Hundehütte

nyumba ya mbwa

dr Garteschluuch

bomba la bustani

d Giesschanne

debe la kumwagilia maji

d Sägese

fyekeo

dr Pflueg

kulima

d Sichel
mundu

d Hacke
jembe

d Heugable
uma wa nyasi

d Axt
shoka

d Garette
toroli

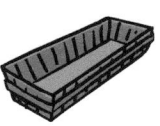

dr Trog
kupitia nyimbo

d Milchchanne
chombo cha maziwa

dr Sack
gunia

dr Haag
ua

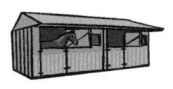

dr Gadä
imara

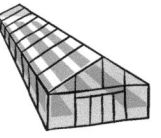

s Gwächshuus
chafu

dr Bode
udongo

dr Soome
mbegu

dr Dünger
mbolea

dr Mähdrescher
kivunaji

ärnte

mavuno

d Ärnte

mavuno

d Yamswurzle

viazi vikuu

dr Weize

ngano

s Soja

soya

dr Härdöpfel

viazi

dr Mais

mahindi

dr Raps

rapa

dr Obstbaum

mti wa matunda

dr Maniok

muhogo

s Getreide

nafaka

s Huus
nyumba

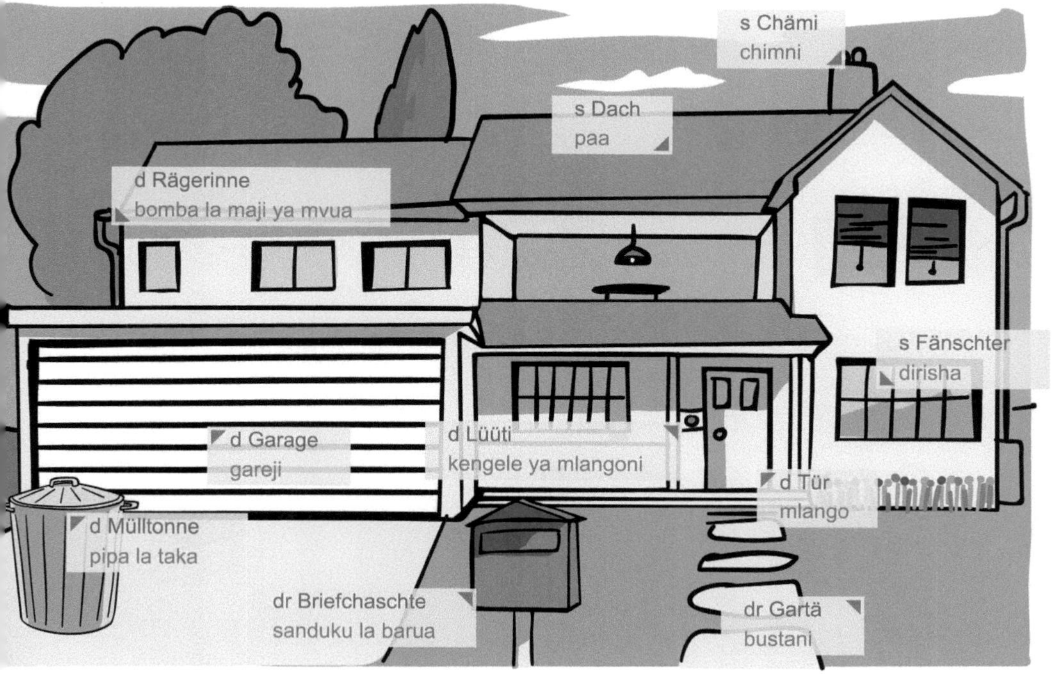

s Chämi
chimni
s Dach
paa
d Rägerinne
bomba la maji ya mvua
s Fänschter
dirisha
d Garage
gareji
d Lüüti
kengele ya mlangoni
d Tür
mlango
d Mülltonne
pipa la taka
dr Briefchaschte
sanduku la barua
dr Gartä
bustani

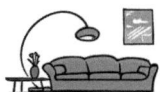

s Stubä

sebuleni

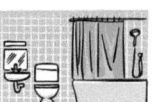

s Badzimmer

bafu

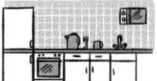

d Chuchi

jikoni

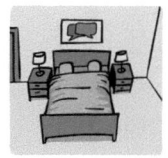

s Schlofzimmer

chumba cha kulala

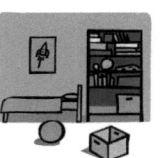

s Chinderzimmer

chumba ya mtoto

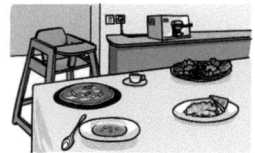

s Ässzimmer

chumba cha kulia

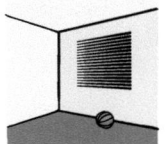

dr Bodä

sakafu

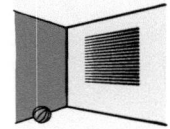

d Wand

ukuta

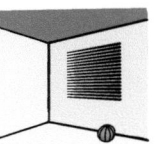

d Decki

dari

dr Chäller

pishi

d Sauna

sauna

dr Balkon

roshani

d Terasse

mtaro

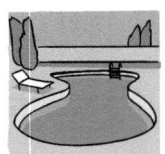

s Pool

kidimbwi

dr Rasemäier

mashine ya kukata nyasi

dr Bettbezug

karatasi

d Bettdecki

kitambaa cha kupamba
kitanda

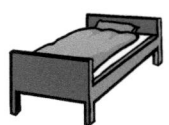

s Bett

kitanda

dr Bäse

ufagio

dr Chübel

ndoo

dr Schalter

kubadili

s Stubä
sebuleni

d Tapete
mandhari
s Bild
picha
d Lampä
taa
s Regal
rafu
dr Schrank
kabati
dr Färnseh
televisheni/runinga
dr Kamin
mekoni
d Bluamä
ua
s Chüssi
mto
s Sofa
sofa
d Vasä
chombo cha maua
d Färnbedienig
kitenzambali

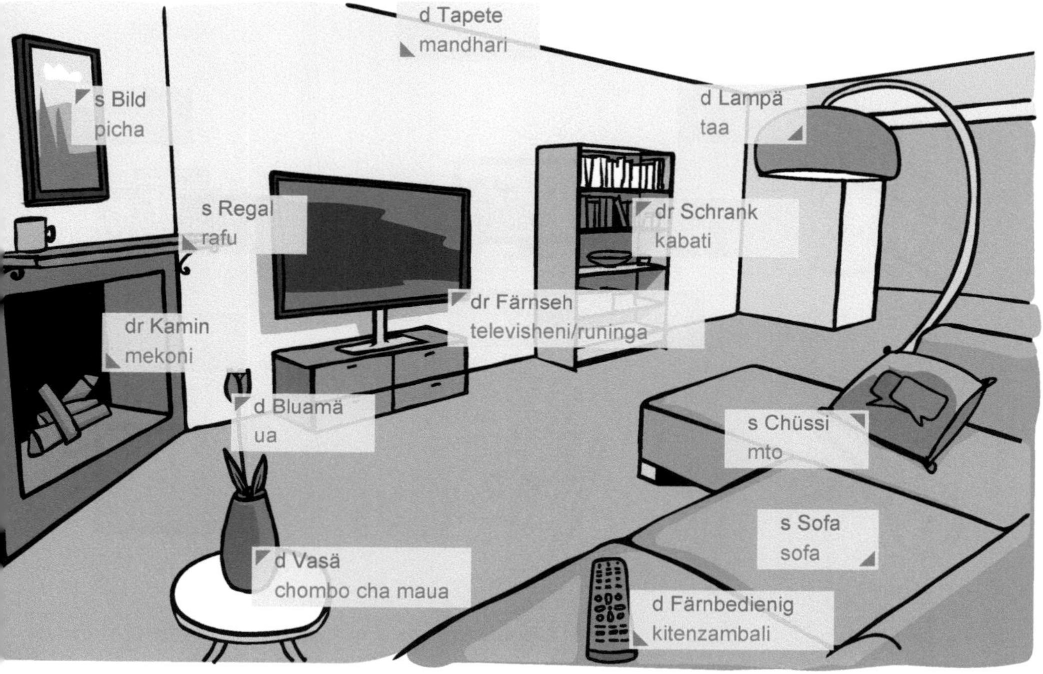

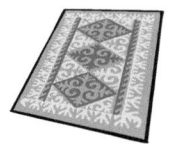

dr Teppich

zulia

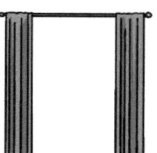

dr Vorhang

pazia

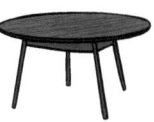

dr Tisch

meza

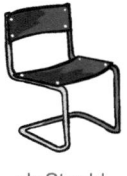

dr Stuehl

kiti

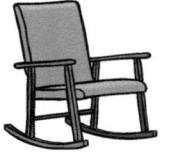

dr Schaukelstuehl

kiti cha bembea

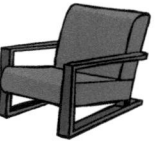

dr Sässel

armchair

s Buech

kitabu

d Decki

blanketi

d Dekoration

mapambo

s Füürholz

kuni

dr Film

filamu

d Stereoahlag

kifaa cha hi-fi

dr Schlüssel

ufunguo

d Ziitig

gazeti

s Bild

uchoraji

s Poster

bango

s Radio

redio

dr Notizblock

daftari

dr Staubsuuger

kifyonza

dr Kaktus

dungusi kakati

d Chärze

mshumaa

d Chuchi
jikoni

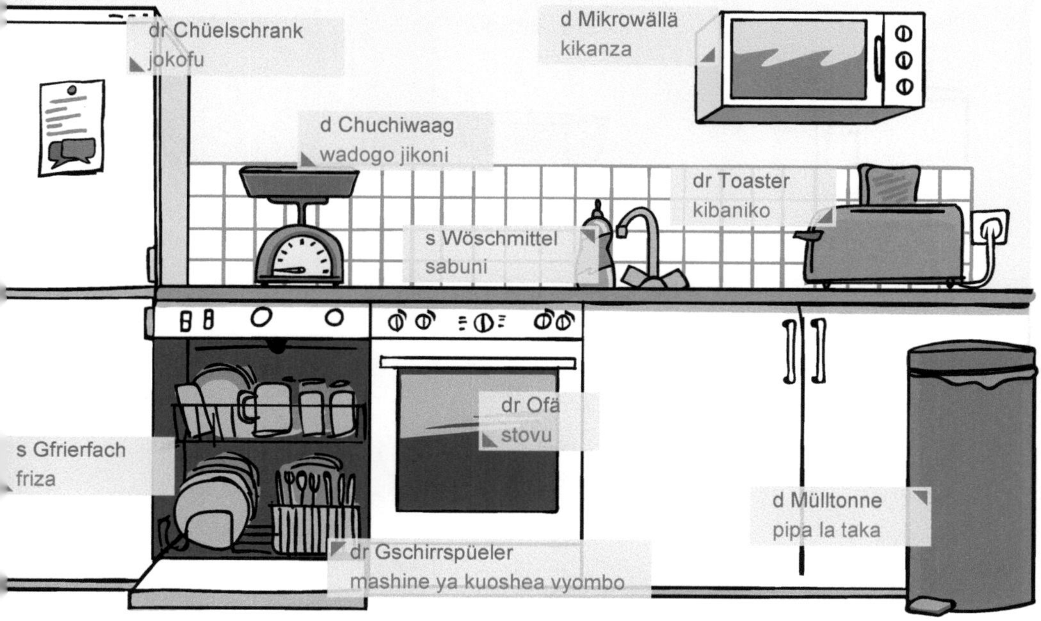
dr Chüelschrank
jokofu
d Mikrowällä
kikanza
d Chuchiwaag
wadogo jikoni
dr Toaster
kibaniko
s Wöschmittel
sabuni
dr Ofä
stovu
s Gfrierfach
friza
d Mülltonne
pipa la taka
dr Gschirrspüeler
mashine ya kuoshea vyombo

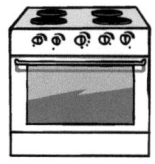

dr Härd

jiko la kupika

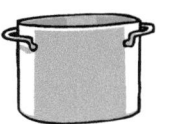

dr Topf

chungu

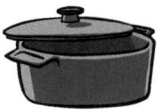

dr Iisetopf

sufuria ya chuma

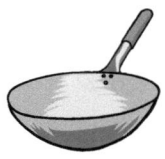

dr Wok / Kadai

wok / kadai

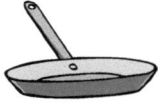

d Pfanne

kaango

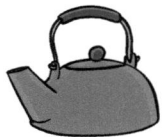

dr Wasserchocher

birika

dr Dampfer

stima

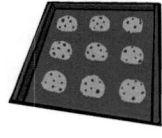

s Bachbläch

sinia ya kuoka

s Gschirr

vyombo vya udongo

dr Bächer

kombe

d Schale

bakuli

d Stäbli

vijiti vya kulia

d Suppechellä

ukawa

dr Pfannewänder

mwiko mpana

dr Schneebäse

burashi

s Sieb

kichujio

s Sieb

chujio

d Raffle

mbuzi

dr Mörser

chokaa

dr Grill

barbeque

d Füürstell

moto wazi

s Schniidbrätt

ubao wa majaribio

s Nudelholz

kijiti cha kusukuma unga

dr Korkäzieher

kizibuo

d Dosä

kopo

dr Dosäöffner

inaweza kopo

dr Topflappä

kishikio cha chungu

s Wöschbecki

karo

d Bürste

brashi

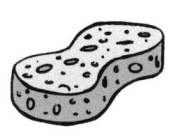

dr Schwumm

sifongo

dr Mixer

kisagaji matunda

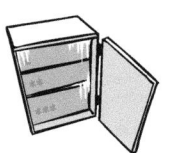

dr Gfrierschrank

friji ya kina

s Babyfläschli

chupa ya mtoto

dr Hahnä

bomba

s Badzimmer

bafu

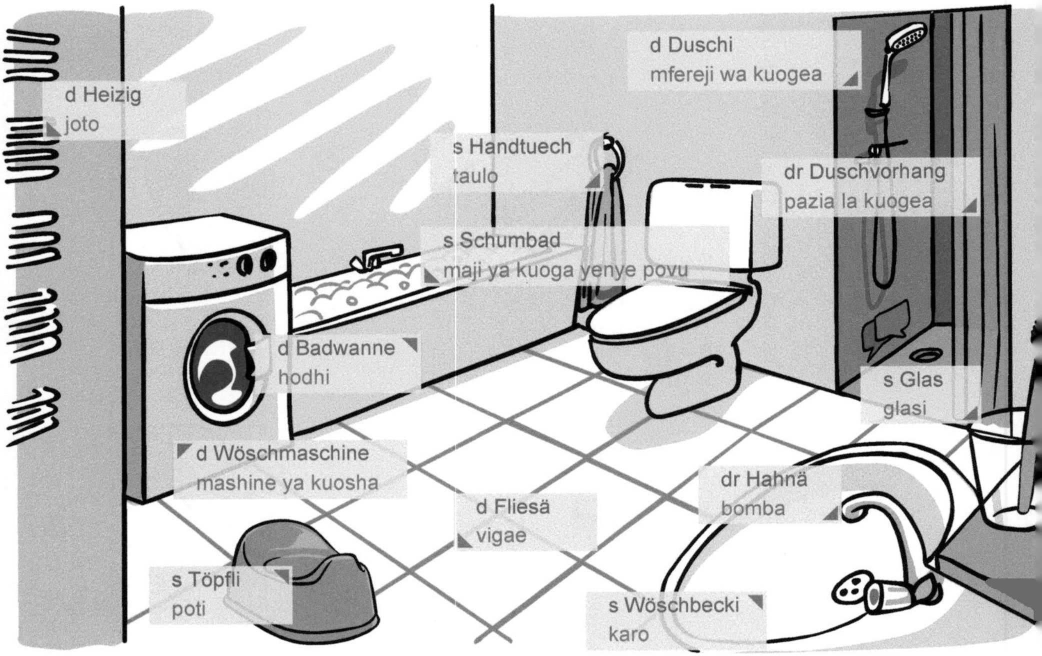

d Duschi
mfereji wa kuogea
d Heizig
joto
s Handtuech
taulo
dr Duschvorhang
pazia la kuogea
s Schumbad
maji ya kuoga yenye povu
d Badwanne
hodhi
s Glas
glasi
d Wöschmaschine
mashine ya kuosha
dr Hahnä
bomba
d Fliesä
vigae
s Töpfli
poti
s Wöschbecki
karo

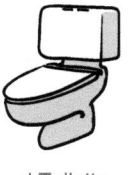

d Toilette

choo

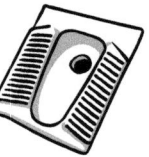

s Plumpsklo

choo cha squat

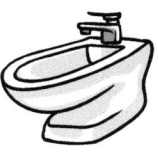

s Bidet

beseni la mviringo

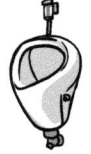

s Pissoir

choo cha umma

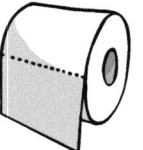

ds Toilettepapier

shashi

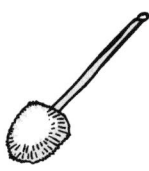

d Toilettebürschteli

brashi ya choo

d Zahbürstä

mswaki

d Zahpasta

dawa ya meno

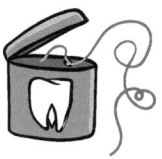

d Zahnsiide

dawa ya meno

wäsche

safisha

d Handduschi

kuoga mkono

d Intiimduschi

msukumo wa maji

s Wöschbecki

bonde

d Ruggäbürste

mpako wa pili

d Seifä

sabuni

s Duschgel

jeli ya kuogea

s Shampoo

shampuu

dr Waschlappä

flana

dr Abfluss

toa maji

d Creme

krimu

s Deo

kiondoa harufu

dr Spiegel

kioo

dr Handspiegel

kioo mkono

dr Rasierer

kinyozi

dr Rasierschuum

povu la kunyoa

s Aftershave

baada ya kunyoa

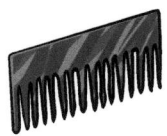

dr Schträäl

kichana

d Bürstä

brashi

dr Föhn

kikausha nywele

s Hoorspray

marashi ya nyewele

s Makeup

vipodozi

dr Lippestift

kidomwa

dr Nagellack

varnish ya msumari

d Wattä

pamba

d Nagelscher

mkasi wa kucha

s Parfum

manukato

s Necessaire

mkoba wa kuosha

dr Schemel

kinyesi

d Waag

mizani

dr Badmantel

nguo ya kuoga

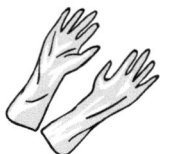

dr Gummihändscheh

glavu za mpira

s Tampon

kisodo

d Damebinde

sodo

d chemischi Toilette

kemikali choo

s Chinderzimmer
chumba ya mtoto

dr Wecker
saa ya kengele
s Kuscheltier
kidoli cha kupakata
s Spielzügauto
gari bandia
d Rassle
kelele
s Puppehuus
chumba cha midoli
s Gschänk
sasa

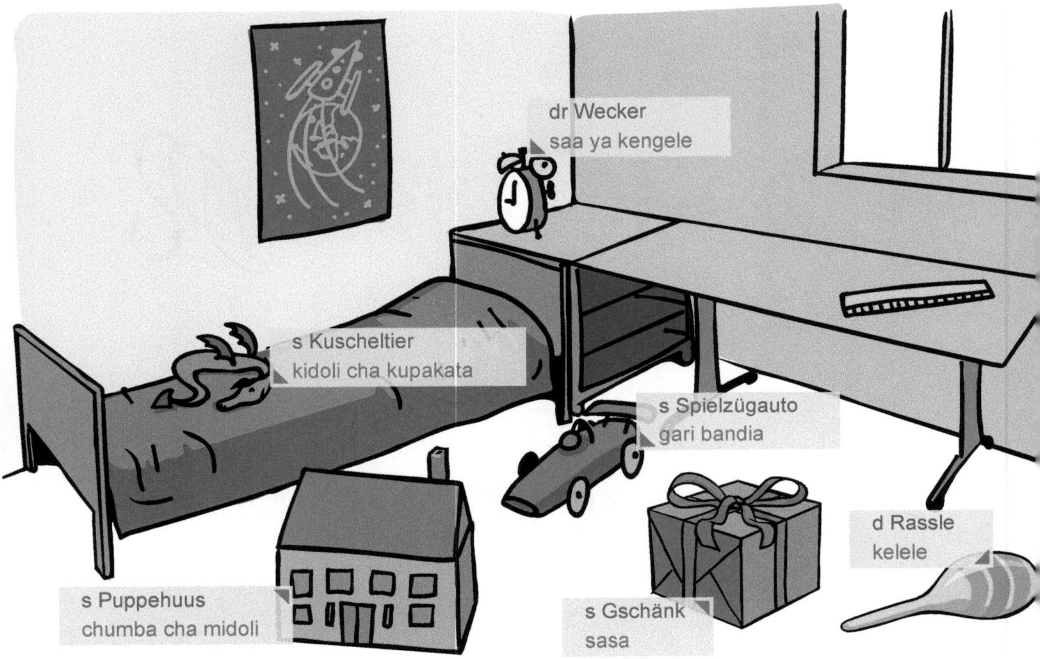

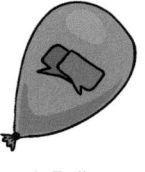

dr Ballon

baluni

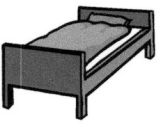

s Bett

kitanda

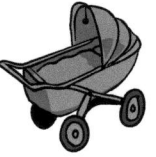

dr Chinderwage

mashua

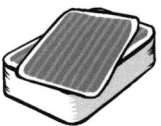

s Chartespiel

staha ya kadi

s Puzzle

mchezo-fumb

SUPER
MEGA

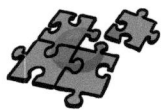

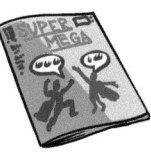

dr Comic

vichekesho

d Legos

matofali lego

d Baustei

vitalu mwigo

d Action Figur

hatua takwimu

s Strampli

suti ya kulalia

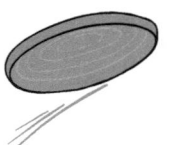

s Frisbee

kisahani

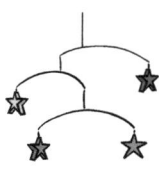

s Mobile

simu

s Brättspiel

ubao wa michezo

dr Würfäl

kete

d Modellisebahn

garimoshi mwigo

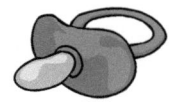

dr Nuggi

dummy

d Party

chama

s Bilderbuch

picha kitabu

dr Ball

mpira

d Puppä

kikaragosi

spiele

kucheza

dr Sandchaschte

shimo la mchanga

d Gigampfi

bembea

s Spielzüg

vitu bandia

d Videospielkonsole

kiweko cha video ya mchezo

s Dreirad

baiskeli ya magurudumu

matatu

dr Teddy

mwanasesere

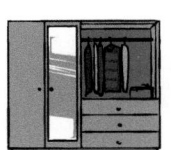

dr Chleiderschrank

kabati

d Chleidig

nguo

d Sockä

soksi

d Strümpf

stokingi

d Strumpfhosä

kibano

dr Schal
skafu

dr Rägeschirm
mwavuli

s T-Shirt
fulana

dr Gürtel
ukanda

dr Stiefel
viatu

d Badschlappe
ndara

d Turnschueh
wakufunzi

d Sandalä

malapa

d Schueh

viatu

d Gummistiefel

mabuti ya mpira

d Untrhosä

suruali ya ndani

dr BH

sidiria

s Underlibli

fulana

dr Body

mwili

d Hosä

suruali

d Jeans

dangirizi

dr Rock

sketi

d Bluse

blauzi

s Hömli

shati

dr Pulli

vuta

dr Kapuzepulli

sweta

dr Blazer

bleza

d Jacke

jaketi

dr Mantel

koti

dr Rägämantel

koti la mvua

s Chostüm

maleba

s Chleid

gauni

s Hochziitskleid

mavazi ya harusi

dr Ahzug

suti

s Nachthömli

vazi la usiku

s Pyjama

pajama

dr Sari

sari

s Chopftuäch

skafu

dr Turban

kilemba

d Burka

burka

dr Kaftan

kaftan

d Abaya

abaya

s Badchleid

vazi la kuogelea

d Badhose

vazi la kiume la kuogelea

d churzi Hosä

kaptura

dr Trainer

teitei

d Schürze

aproni

d Händsche

glavu

dr Chnopf

kifungo

d Brüllä

glasi

s Armband

bangili

d Chetti

mkufu

dr Ring

pete

dr Ohrering

herini

d Chappe

kofia

dr Chleiderbügel

kiango cha koti

dr Huet

kofia

d Grawattä

tai

dr Riissverschluss

zipu

dr Helm

kofia

dr Hosäträger

kanda za suruali

d Schueluniform

sare za shule

d Uniform

sare

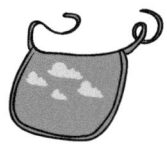

s Lätzli

bibu

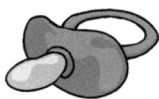

dr Nuggi

dummy

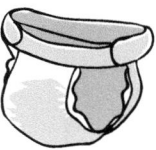

d Windle

nepi

s Büro
ofisi

dr Server
seva
dr Akteschrank
kabati la kuweka faili
dr Drucker
kichapishaji
s Papier
karatasi
dr Monitor
kiwambo
d Muus
kipanya
dr Schribtisch
dawati
dr Ordner
folda
d Taschtatur
kibodi
erchorb
cha kuweka karatasi chafu
dr Stuehl
kiti
dr Computer
kompyuta

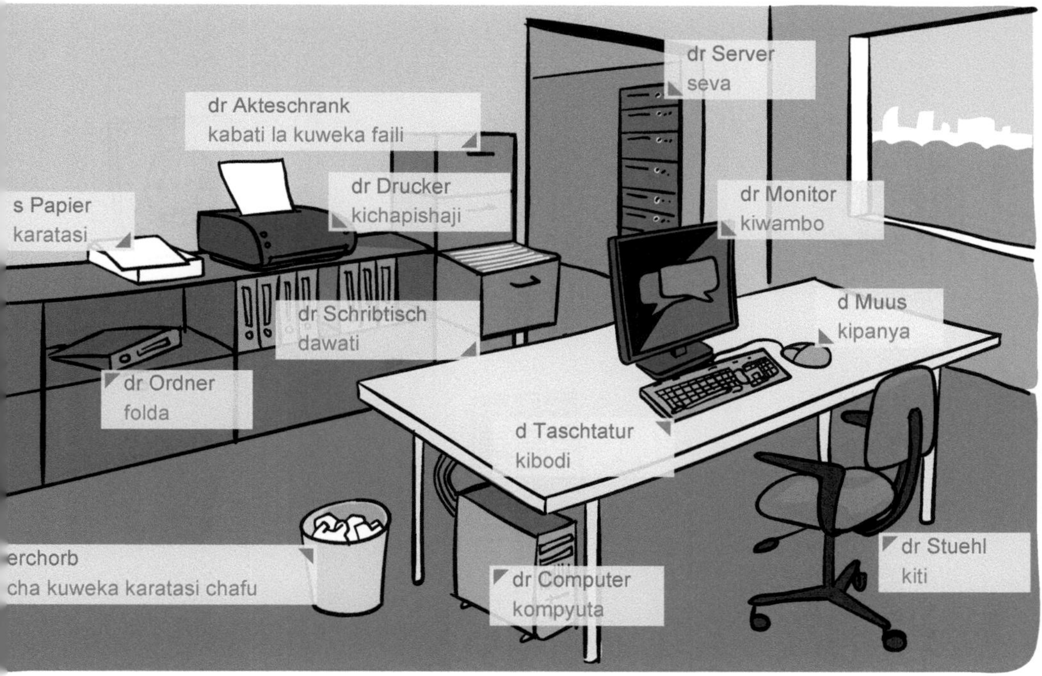

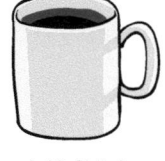

dr Kafibächer

kmobe la kahawa

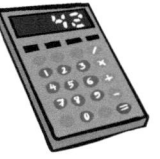

dr Tascherächner

kikokotoo

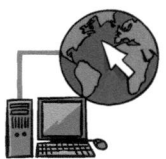

s Internet

biashara

dr Laptop

mbali

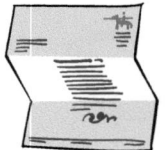

dr Brief

barua

d Nochricht

ujumbe

s Mobiltelefon

rununu

s Netzwärk

intaneti

dr Kopierer

fotokopia

d Software

programu

s Telefon

simu

d Steckdosä

soketi

s Fax

kipepesi

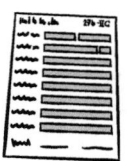

s Formular

fomu

s Dokumänt

hati

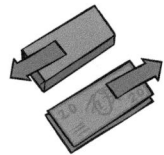

chaufe

kununua

zahle

kulipa

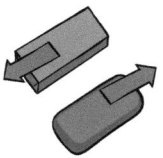

handle

biashara

s Gäld

fedha

USD

dr Dollar

dola

EUR

dr Euro

yuro

JPY

dr Yen

yeni

RUB

dr Rubel

rouble

CHF

dr Frankä

faranga ya Uswisi

CNY

dr Renminbi Yuan

renminbi yuan

INR

d Rupie

rupia

dr Gäldautomat

eneo la kulipia

d Wächselstube

ofisi ya ubadilishanaji

s Gold

dhahabu

s Silber

fedha

s Öl

mafuta

d Energie

nishati

dr Preis

bei

dr Vertrag

mkataba

d Stüür

kodi

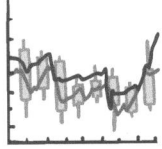

d Aktie

bidhaa

schaffe

kazi

dr Mitarbeiter

mfanyakazi

dr Arbeitgeber

mwajiri

d Fabrik

kiwanda

s Gschäft

duka

d Brüef
kazi

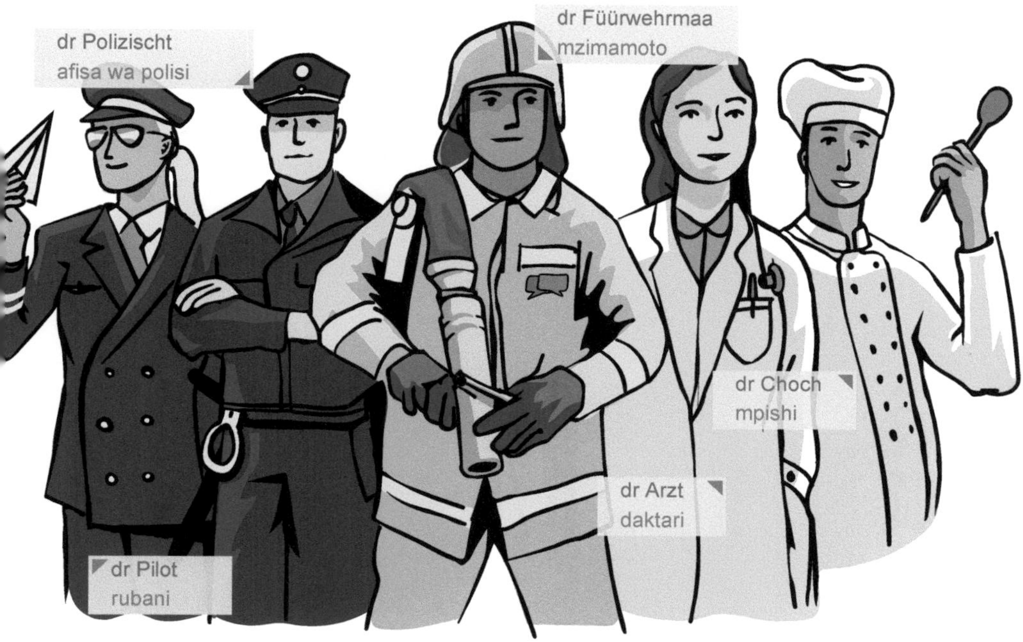
dr Polizischt
afisa wa polisi
dr Füürwehrmaa
mzimamoto
dr Choch
mpishi
dr Arzt
daktari
dr Pilot
rubani

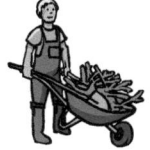

dr Gärtner
mtunza bustani

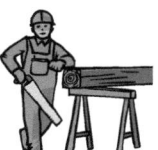

dr Zimmermah
seremala

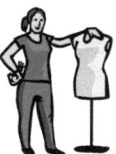

d Näheri
mshonaji

dr Richter
hakimu

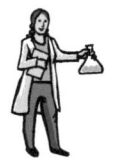

dr Chemiker
mwanakemia

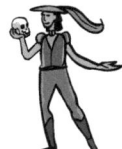

dr Darsteller
muigizaji

dr Busfahrer

dereva wa basi

dr Taxifahrer

dereva wa teksi

dr Fischer

mvuvi

d Putzfrau

mwanamke wa kusafisha

dr Dachdecker

mwezekaji

dr Chällner

mhudumu

dr Jäger

mwindaji

dr Moler

mchoraji

dr Bäcker

mwokaji

dr Elektriker

umeme

dr Bauarbeiter

mjenzi

dr Ingenieur

mhandisi

dr Schlachter

mchinjaji

dr Klämpner

fundi bomba

dr Pöschtler

mwanaposta

dr Soldat

mwanajeshi

dr Architekt

msanifu majengo

dr Kassierer

keshia

dr Florischt

muuza maua

dr Frisör

msusi

dr Kontrolleur

kondakta

dr Mechaniker

mekanika

dr Kapitän

nahodha

dr Zahnarzt

daktari wa meno

dr Wüsseschaftler

mwanasayansi

dr Rabbi

rabbi

dr Imam

imamu

dr Mönch

mtawa

dr Pfarrer

kasisi

d Werkzüüg
zana

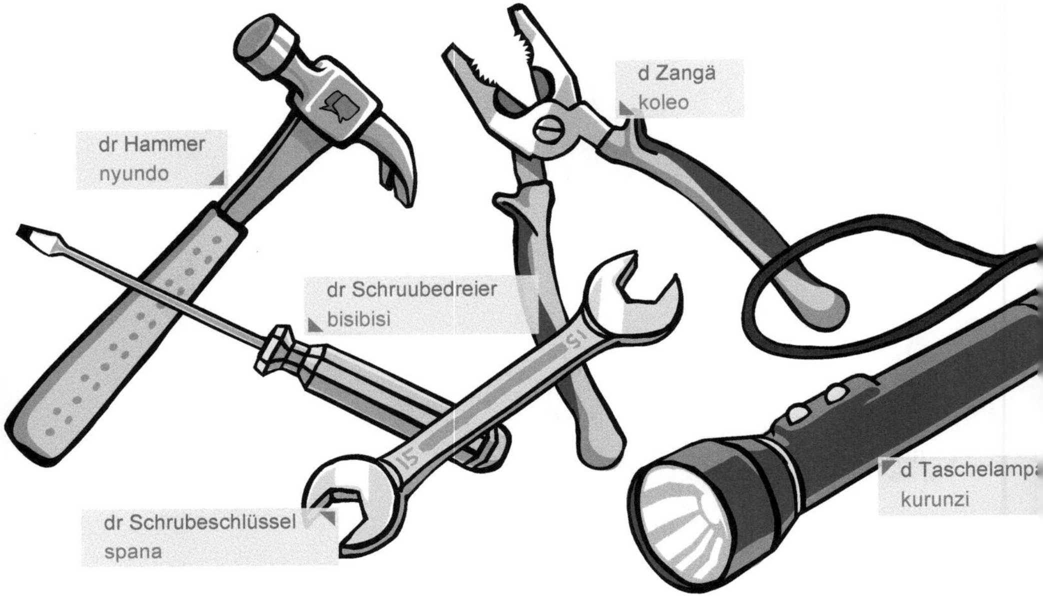
d Zangä
koleo
dr Hammer
nyundo
dr Schruubedreier
bisibisi
d Taschelamp
kurunzi
dr Schrubeschlüssel
spana

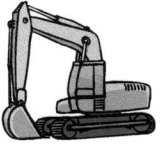

dr Bagger
mchimbaji

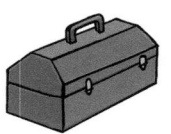

dr Werkzüügchaschte
sanduku la vifaa

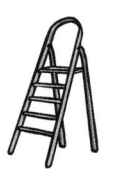

d Leitere
ngazi

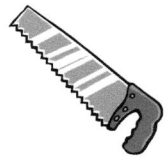

d Sagi
msumeno

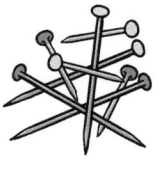

d Negel
misumari

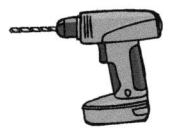

dr Bohrer
kuchimba visima

flicke
kukarabati

d Schufle
sepetu

Mischt!
Lo!

d Ascheschufle
kishikio cha uchafu

dr Farbchübel
chungu cha rangi

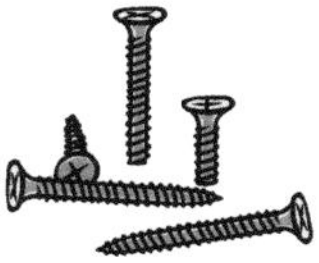

d Schruube
skurubu

d Musiginstrumänt
ala za muziki

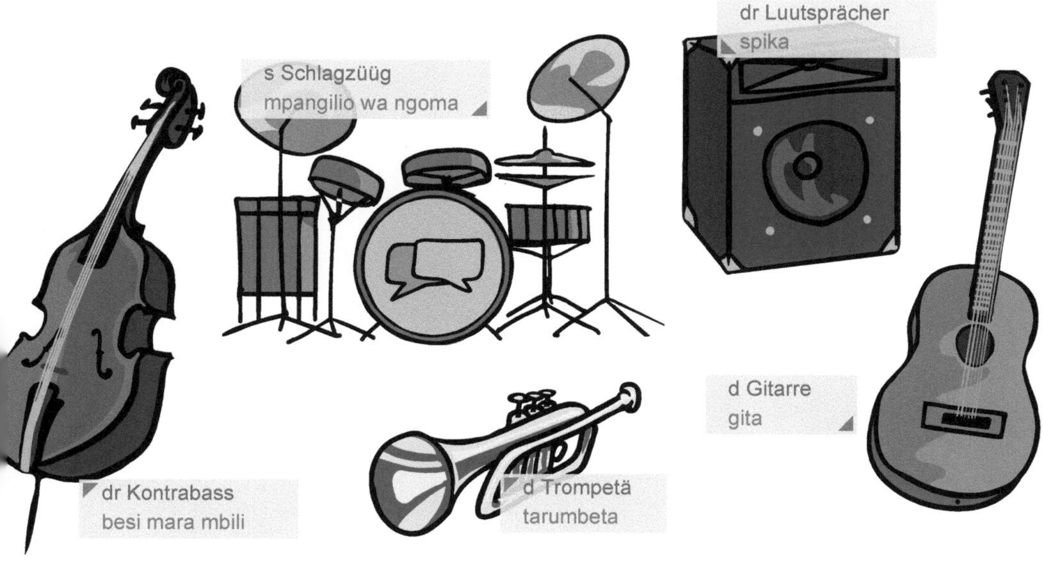

dr Luutsprächer
spika

s Schlagzüüg
mpangilio wa ngoma

d Gitarre
gita

dr Kontrabass
besi mara mbili

d Trompetä
tarumbeta

s Klavier

piano

d Violine

fidla

dr Bass

ubeji

d Pauke

timpani

d Trummle

ngoma

s Keyboard

kibodi

s Saxophon

saksafoni

d Flöte

filimbi

s Mikrofon

maikrofoni

d Musiginstrumänt - ala za muziki

dr Zolli
bustani ya wanyama

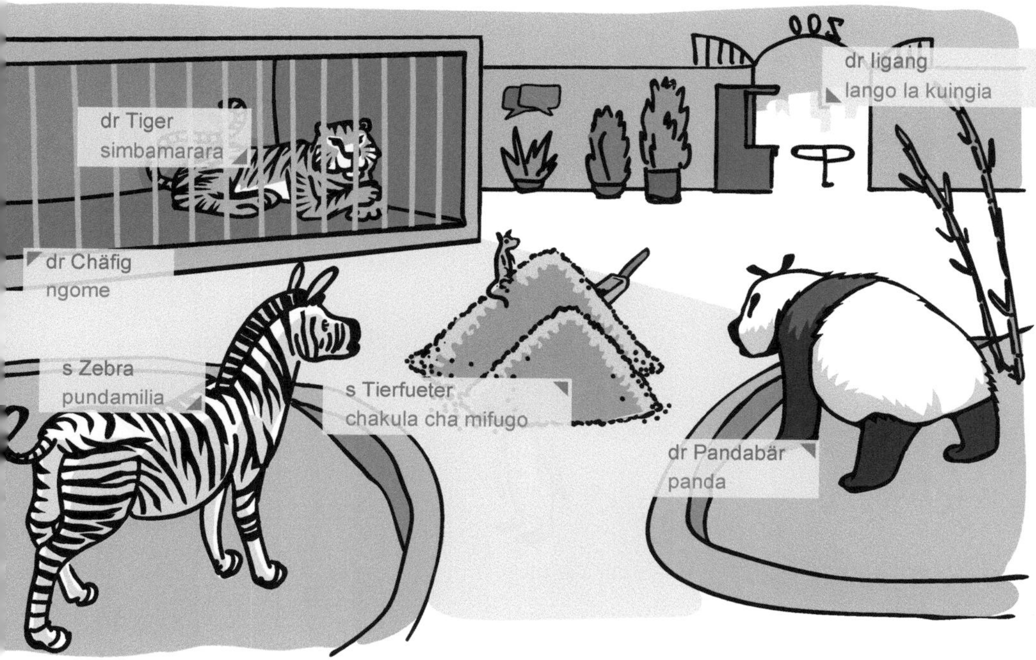

dr Tiger
simbamarara
dr Chäfig
ngome
s Zebra
pundamilia
s Tierfueter
chakula cha mifugo
dr Pandabär
panda
dr Igang
lango la kuingia

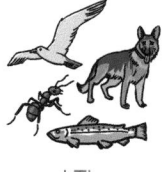

d Tier
wanyama

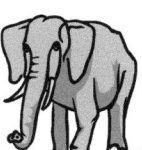

dr Elefant
tembo

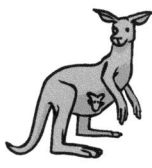

s Känguru
kangaruu

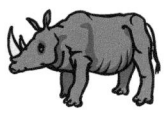

s Nashorn
kifaru

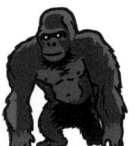

dr Gorilla
sokwe

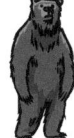

dr Bär
dubu

s Kamel

ngamia

dr Struss

mbuni

dr Leu

simba

dr Aff

tumbili

dr Flamingo

heroe

dr Papagei

kasuku

dr Iisbär

dubu

dr Pinguin

penguini

dr Hai

papa

dr Pfau

tausi

d Schlangä

nyoka

s Krokodil

mamba

dr Zoowärter

mtunza wanyama

d Robbä

muhuri

dr Jaguar

jaguar

dr Zolli - bustani ya wanyama

s Pony

mwanafarasi

dr Leopard

chui

s Nilpfärd

kiboko

d Giraff

twiga

dr Adler

tai

s Wildschwein

nguruwe mwitu

dr Fisch

samaki

d Schildkrot

kobe

s Walross

sili

dr Fuchs

mbweha

d Gazelle

paa

s American Football
soka ya marekani

s Velofahre
uendeshaji baiskeli

s Tennis
tenisi

dr Basketball
mpira wa kikapu

s Schwümmä
kuogelea

s lishockey
magongo ya barafuni

s Boxä
ndondi

dr Fuessball

soka

s Badminton

vinyoya

d Liechtathletik

riadha

dr Handball

mpira wa mikono

s Skifahre

skii

s Polo

polo

springä
kuruka

umarme
kumbatia

lachä
cheka

gah
kutembea

singe
kuimba

troime
ota ndoto

bätte
kuomba

küssä
busu

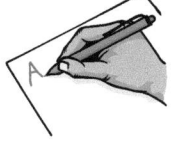

schribe

kuandika

zeichne

kuteka

zeige

angalia

schiebe

sukuma

gäh

kutoa

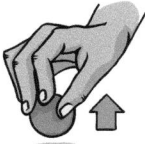

näh

kuchukua

händ
kuwa

mache
fanya

sy
kuwa

stah
kusimama

laufe
kukimbia

zieh
vuta

rüerä
kutupa

fallä
kuanguka

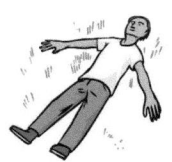

ligge
hadaa

warte
kusubiri

träge
kubeba

sitze
kukaa

ahzieh
vaa nguo

schlafe
usingizi

ufwache
kuamka

ahluege

kuangalia

brüele

lia

striichle

kiharusi

bürste

chana nywele

redä

ongea

verschtah

kuelewa

froog

kuuliza

lose

kusikiliza

trinke

kunywa

ässe

kula

ufruume

nadhifisha

liebe

upendo

chochä

mpishi

fahre

gari

flüge

kuruka

segle

meli

rächne

kokotoa

läse

kusoma

leerä

kujifunza

schaffe

kazi

hürate

kuoa

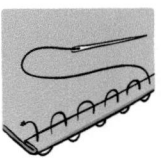

näije

kushona

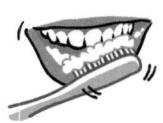

Zäh putze

piga mswaki

töte

kuua

schlootä

moshi

sände

kutuma

rossmuetter

dr Grossvater
babu

dr Vatter
baba

d Muetter
mama

s Baby
mtoto

d Tochter
binti

dr Sohn
bin

dr Gast

mgeni

d Tante

shangazi

dr Unkel

mjomba

dr Brüeder

kaka

d Schwöschter

dada

dr Körpär
mwili

d Stirn
paji la uso
ds Aug
jicho
d Schultere
bega
dr Fingär
kidole
s Gsicht
uso
s Chüni
kidevu
d Hand
mkono
s Bei
mguu
d Bruscht
matiti
dr Arm
mkono

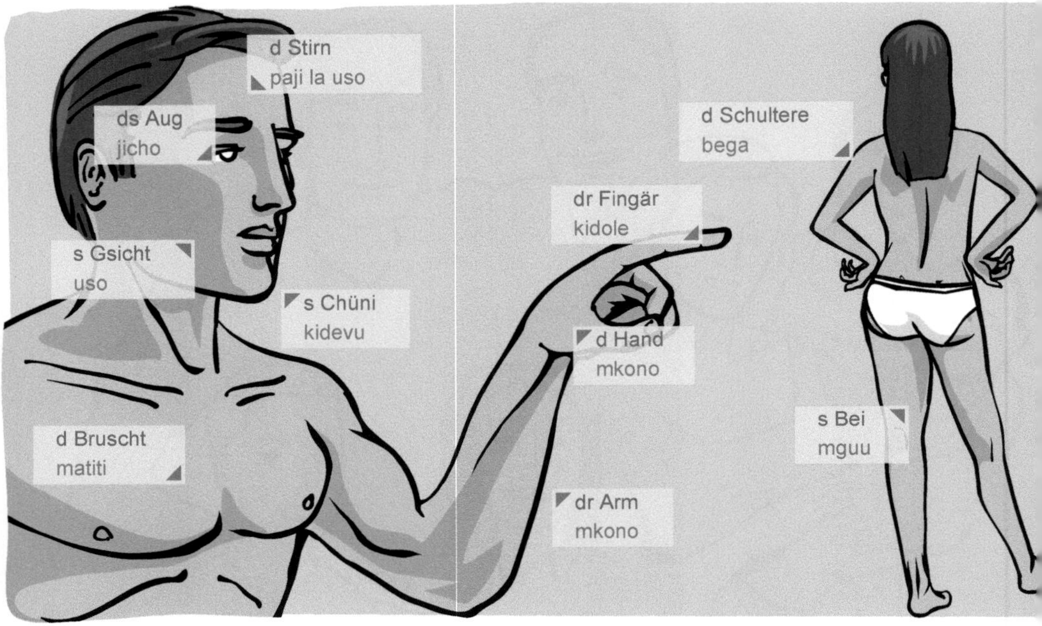

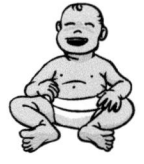

s Baby

mtoto

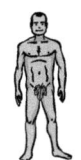

dr Mah

mwanamume

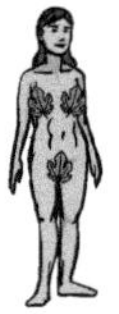

d Frau

mwanamke

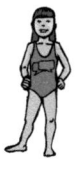

s Meitli

msichana

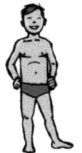

dr Bueb

mvulana

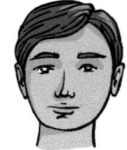

dr Chopf

kichwa

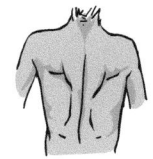

dr Ruggä

nyuma

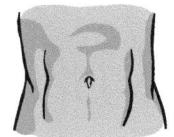

dr Buuch

tumbo

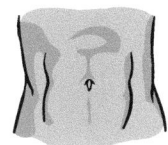

dr Buchnabel

kitovu

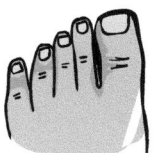

dr Zäche

chano

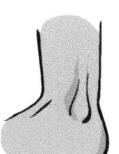

d Fersä

kisigino

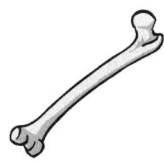

d Knoche

mfupa

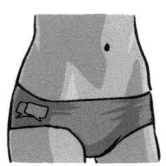

d Hüfte

nyonga

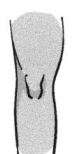

s Chnü

goti

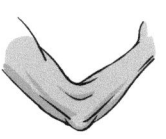

dr Ellbogä

kiwiko

d Nase

pua

s Füdli

chini

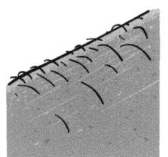

d Hut

ngozi

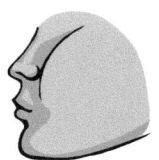

d Bagge

shavu

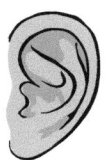

s Ohr

sikio

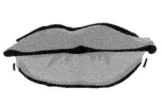

d Lippe

mdomo

s Muul

kinywa

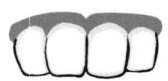

dr Zah

jino

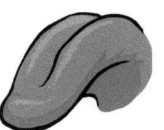

d Zungä

ulimi

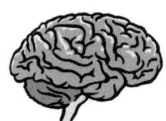

s Hirni

ubongo

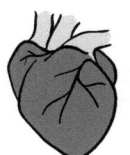

s Härz

moyo

dr Muskel

misuli

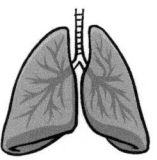

d Lungä

pafu

d Läberä

ini

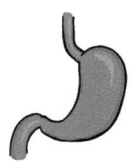

dr Magen

tumbo

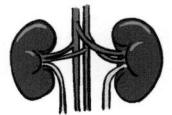

d Nierä

figo

dr Gschlächtsvrkehr

jinsia

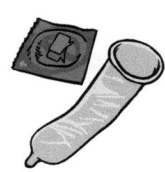

s Kondom

kondomu

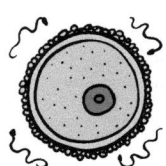

d Eizälle

ovari

dr Soome

shahawa

d Schwangerschaft

mimba

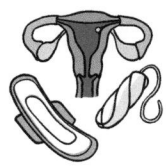

d Menstruation

hedhi

d Vagina

uke

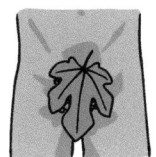

dr Penis

uume

d Augebrauä

unyusi

s Haar

nywele

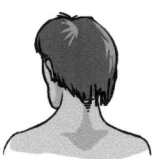

dr Hals

shingo

s Spital
hospitali

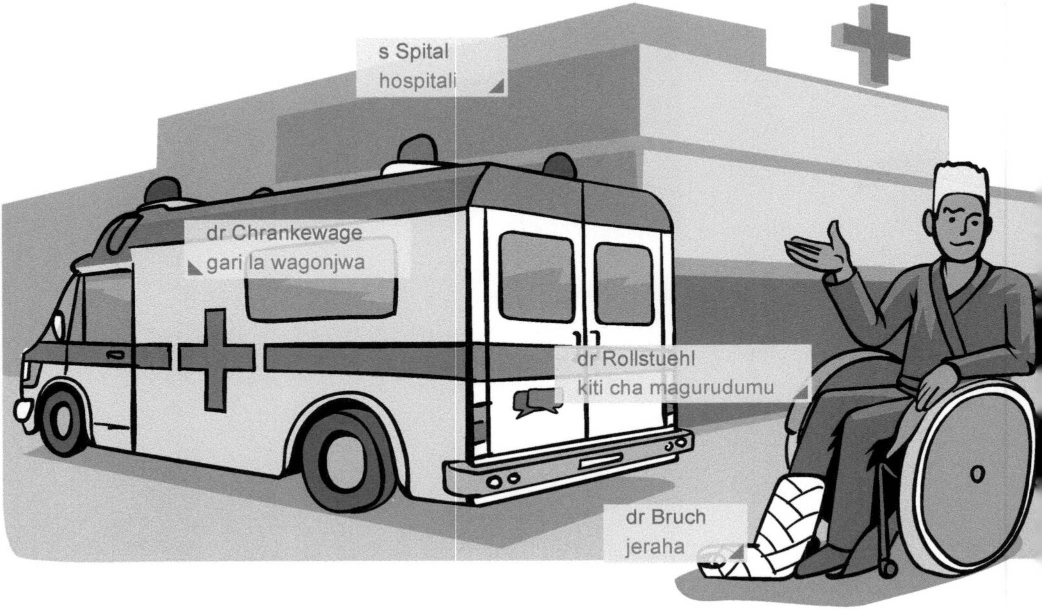

s Spital
hospitali
dr Chrankewage
gari la wagonjwa
dr Rollstuehl
kiti cha magurudumu
dr Bruch
jeraha

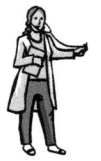

dr Arzt

daktari

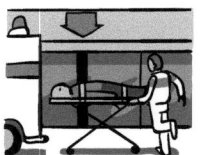

d Notufnahm

chumba cha dharura

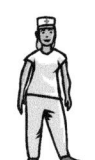

d Chrankeschwöschter

muuguzi

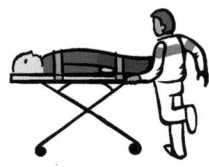

dr Notfall

dharura

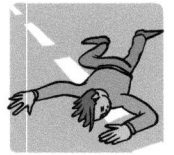

ohnmächtig

kupoteza fahamu

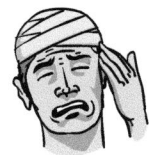

dr Schmärz

maumivu

d Verletzig

kuumia

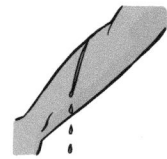

d Bluätig

kutokwa na damu

dr Härzinfarkt

mshtuko wa moyo

dr Schlagahfall

kiharusi

d Allergie

mzio

dr Hueschtä

kikohozi

s Fieber

homa

d Grippe

mafua

dr Durchfall

kuharisha

d Kopfschmärze

maumivu ya kichwa

dr Kräbs

kansa

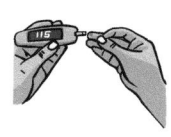

dr Diabetes

ugonjwa wa kisukari

dr Chirurg

daktari mpasuaji

s Skalpell

kisu kidogo cha kupasulia

d Operation

operesheni

s CT

picha changanufu ya mwili

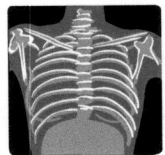

s Röntgä

Eksrei

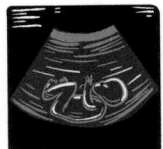

s Ultraschall

mawimbi sauti

d Gsichtsmaske

barakoa ya uso

d Krankhet

ugonjwa

s Wartezimmer

chumba cha kusubiri

d Krückä

mkongojo

s Pflaster

plasta

dr Vrband

bendeji

d Injektion

sindano

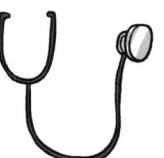

s Stethoskop

stetoskopu

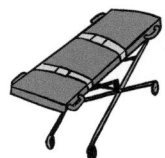

d Trage

machela

s Thermometer

kipimajoto cha kliniki

d Geburt

kuzaliwa

s Übergwicht

unene kupita kiasi

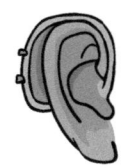

s Hörgrät

kusikia misaada

s Desinfektionsmittel

kipukusi

d Infektion

maambukizi

s Virus

virusi

s HIV / AIDS

VVU / UKIMWI

d Medizin

dawa

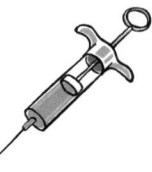

d Impfig

chanjo

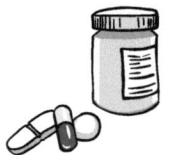

d Tablette

vidonge

d Pille

kidonge

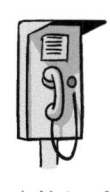

dr Notruef

simu ya dharura

s Bluetdruck-Mässgrät

haemodainamometa

chrank / gsund

mgonjwa / mwenye afya

Hiufe!

Msaada!

dr Alarm

kengele

dr Überfall

pigo

dr Ahgriff

shambulizi

d Gfohr

hatari

dr Notuusgang

lango la dharura

Füür!

Moto!

dr Füürlöscher

kizima moto

dr Unfall

ajali

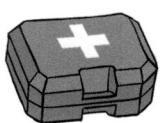

dr Ersti-Hilf-Koffer

vifaa vya huduma ya kwanza

SOS

wito wa msaada

d Polizei

polisi

s Europa

Ulaya

s Nordamerika

Amerika ya Kaskazini

s Südamerika

Amerika ya Kusini

s Afrika

Afrika

s Asie

Asia

s Auschtralie

Australia

dr Atlantik

Atlantiki

dr Pazifik

Pasifiki

dr Indische Ozean

Bahari ya Hindi

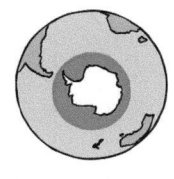

dr Antarktische Ozean

Bahari ya Antaktiki

dr Arktische Ozean

Bahari ya Aktiki

dr Nordpol

Ncha ya Kaskazini

dr Südpol

Ncha ya Kusini

d Antarktis

Antaktika

d Ärde

dunia

s Land

nchi

s Meer

bahari

d Inslä

kisiwa

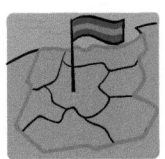

d Nation

taifa

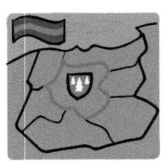

dr Staat

jimbo

s Ziffereblatt

uso wa saa

dr Stundezeiger

akrabu ya saa

dr Minutezeiger

akrabu ya dakika

dr Sekundezeiger

akrabu ya sekunde

Wie spaht isch es?

Ni saa ngapi?

dr Tag

siku

d Zit

wakati

jetzt

sasa

d Digitaluhr

saa ya dijitali

d Minute

dakika

d Stunde

saa

d Wuche

wiki

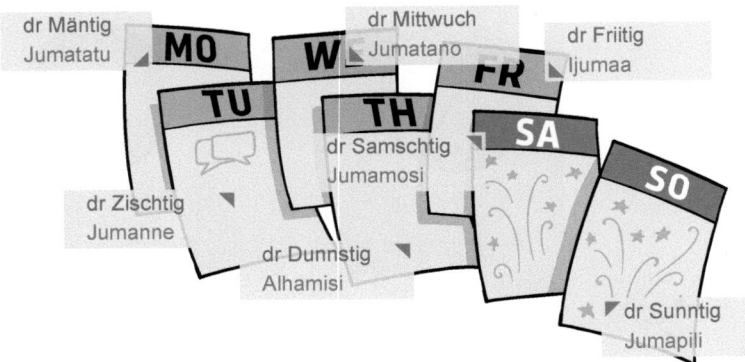

dr Mäntig
Jumatatu — MO

dr Mittwuch
Jumatano — W

dr Friitig
Ijumaa — FR

TU

TH

dr Zischtig
Jumanne

dr Samschtig
Jumamosi — SA

SO

dr Dunnstig
Alhamisi

dr Sunntig
Jumapili

geschter

jana

hüt

leo

morn

kesho

dr Morgä

asubuhi

dr Mittag

saa sita mchana

dr Aabig

jioni

MO	TU	WE	TH	FR	SA	SU
1	2	3	4	5	6	7
8	9	10	11	12	13	14
15	16	17	18	19	20	21
22	23	24	25	26	27	28
29	30	31	1	2	3	4

d Wärktag

siku za biashara

MO	TU	WE	TH	FR	SA	SU
1	2	3	4	5	6	7
8	9	10	11	12	13	14
15	16	17	18	19	20	21
22	23	24	25	26	27	28
29	30	31	1	2	3	4

s Wuchenänd

mwishoni mwa wiki

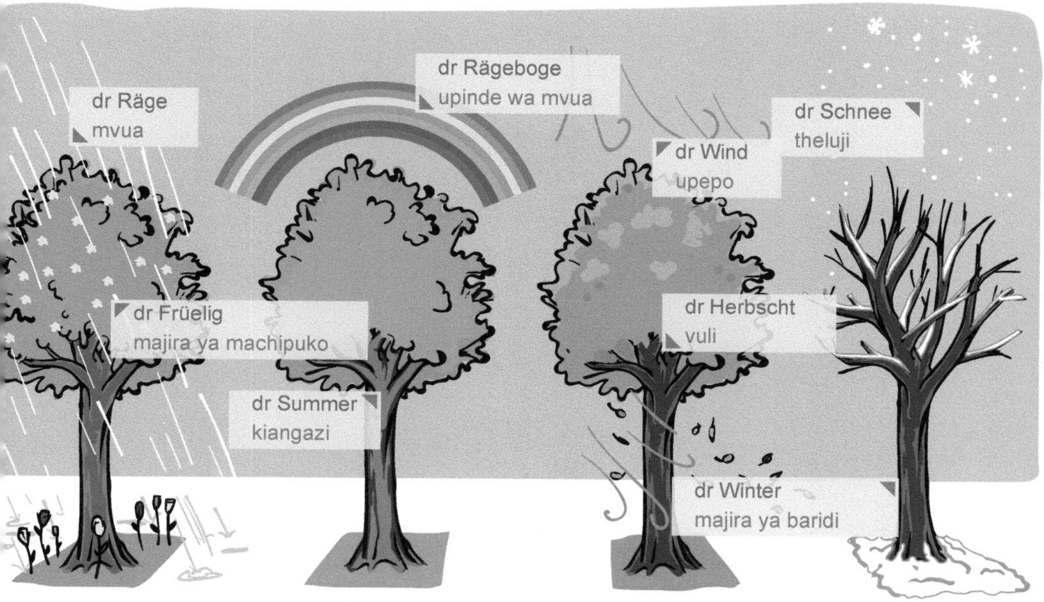

dr Räge
mvua

dr Rägeboge
upinde wa mvua

dr Schnee
theluji

dr Wind
upepo

dr Früelig
majira ya machipuko

dr Herbscht
vuli

dr Summer
kiangazi

dr Winter
majira ya baridi

4.APRIL	11°	☀
5.APRIL	4°	☁
6.APRIL	13°	⛅
7.APRIL	8°	❄
8.APRIL	10°	☀

d Wättervorhärsag
....
utabiri wa hali ya hewa

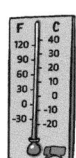

s Thermometer
....
kipimajoto

dr Sunneschiin
....
mwanga wa jua

d Wolkä
....
wingu

d Näbel
....
ukungu

d Fiechtigkeit
....
unyevu

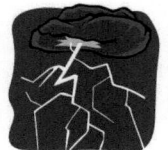

dr Blitz

umeme

dr Dunner

radi

dr Sturm

dhoruba

d Hagel

mvua ya mawe

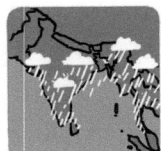

dr Monsun

monsuni

d Fluet

mafuriko

s Iis

barafu

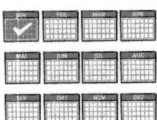

dr Januar

Januari

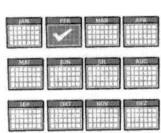

dr Februar

Februari

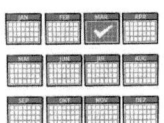

dr März

Machi

dr April

Aprili

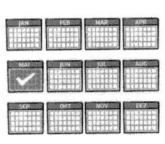

dr Mai

Mei

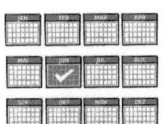

dr Juni

Juni

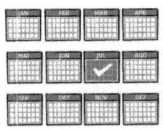

dr Juli

Julai

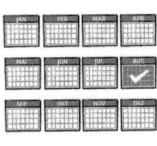

dr Auguscht

Agosti

dr Septämber
....
Septemba

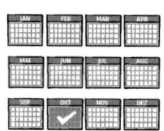

dr Oktober
....
Oktoba

dr Novämber
....
Novemba

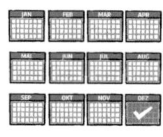

dr Dezämber
....
Desemba

d Forme
maumbo

dr Kreis
....
mduara

s Quadrat
....
mraba

s Rächteck
....
mstatili

s Dreieck
....
pembetatu

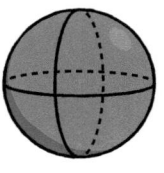

d Chugele
....
nyanja

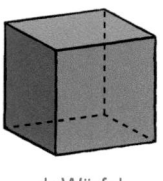

dr Würfel
....
mchemraba

wiss

nyeupe

gäl

manjano

orange

chungwa

pink

rangi ya waridi

rot

nyekundu

liila

hudhurungi

blau

bluu

grüen

kijani

bruun

hanja

grau

jivujivu

schwarz

nyeusi

viel / wenig

mengi / kidogo

hässig / ruhig

hasira / pole

hübsch / hässlich

nzuri / mbaya

dr Ahfang / s Ändi

mwanzo / mwisho

gross / chli

kubwa / ndogo

hell / dunkel

angavu / giza

Brüeder / d Schwöschter

kaka / dada

suuber / dräckig

safi / chafu

vollständig / unvollständig

kamilika / tokamilika

dr Tag / d Nacht

siku / usiku

tot / läbig

wafu / hai

breit / schmal

pana / nyembamba

ässbar / nid ässbar

kulika / kutolika

bös / fründlich

ovu / ema

uffreggt / glangwilt

sisimkwa / udhika

dick / dünn

nene / nyembamba

zerscht / zletscht

kwanza / mwisho

dr Fründ / dr Find

rafiki / adui

voll / läär

jaa / tupu

hart / weich

ngumu / laini

schwer / liecht

nzito / nyepesi

dr Hunger / dr Durscht

njaa / kiu

chrank / gsund

mgonjwa / mwenye afya

illegal / legal

haramu / kisheria

intelligänt / gatz

akili / kijinga

links / rächts

kushoto / kulia

nöch / wiit weg

karibu / mbali

neu / bruucht

mpya / kutumika

nüt / öpis

kitu / jambo

alt / jung

zee / changa

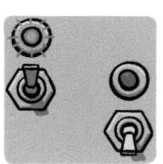

ah / uss

waka / zima

offe / zue

wazi / fungwa

lislig / luut

utulivu / kelele

riich / arm

tajiri / masikini

richtig / falsch

sahihi / kosa

rau / glatt

mbaya / laini

truurig / glücklich

huzunika / furahia

churz / lang

fupi /ndefu

langsam / schnäll

polepole / haraka

nass / trochä

nyevu / kavu

warm / chalt

joto / baridi

dr Chrieg / dr Friede

vita / amani

0

Null

sufuri

1

eis

moja

2

zwei

mbili

3

drü

tatu

4

vier

nne

5

foif

tano

6

sächs

sita

7

sibe

saba

8

acht

nane

9

nün

tisa

10

zäh

kumi

11

elf

kumi na moja

12

zwölf

kumi na mbili

13

drizäh

kumi na tatu

14

vierzäh

kumi na nne

15

füfzäh

kumi na tano

16

sächzäh

kumi na sita

17

siebzäh

kumi na saba

18

achtzäh

kumi na nane

19

nünzäh

kumi na tisa

20

zwänzg

ishirini

100

Hundert

mia

1.000

Tuusig

elfu

1.000.000

Million

milioni

Änglisch

Kiingereza

Amerikanischs Änglisch

Kiingereza cha Marekani

Chinesisch Mandarin

Kimandarini cha Uchina

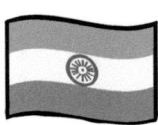

Hindi

Kihindi

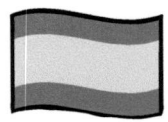

Spanisch

Kihispania

Französisch

Kifaransa

Arabisch

Kiarabu

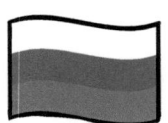

Russisch

Kirusi

Portugiesisch

Kireno

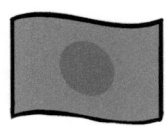

Bengalisch

Kibengali

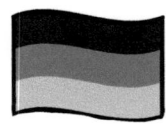

Dütsch

Kijerumani

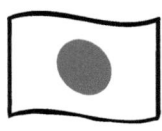

Japanisch

Kijapani

ich

mimi

du

wewe

är / sie / es

yeye / yeye / ni

mir

sisi

ihr

wewe

sie

wao

wär?

nani?

was?

nini?

wie?

jinsi gani?

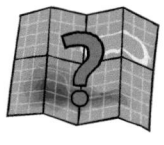

wo?

wapi?

wänn?

lini?

Name

jina

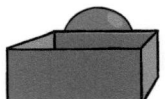

hinder
....
nyuma

in
....
katika

vor
....
mbele ya

über
....
juu ya

uf
....
kwenye

under
....
chini ya

näbe
....
kando

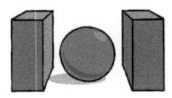

zwüsche
....
kati

dr Ort
....
mahali